JN004439

Disney

スペシャル
クリスマス
ストーリーズ

ANNA
Elsa

もくじ

Disney Special Christmas Stories

Copyright © 2021 Disney Enterprises, Inc.

"A Christmas Gift for Chip" by Dana Middleton. Copyright © 2020 Disney Enterprises, Inc. Based on characters from the movie Beauty and the Beast. Copyright © 1991 Disney Enterprises, Inc.

"Santa's Little Helper" by Kate Ritchey. Copyright © 2013 Disney Enterprises, Inc.

"Christmas in Never Land" by Megan Bryant. Copyright © 2016 Disney Enterprises, Inc. Based on characters from the movie Peter Pan. Copyright © 1953 Disney Enterprises, Inc.

"A Present for the Queen" by Tracey West. Copyright © 2016 Disney Enterprises, Inc. Based on characters from the movie Alice in Wonderland. Copyright © 1951 Disney Enterprises, Inc.

"Christmas in Monstropolis" by Gail Herman. Copyright © 2016 Disney Enterprises, Inc. Based on characters from the movie Monsters, Inc. Copyright © 2001 Disney Enterprises, Inc./Pixar.

"Merry Christmas, Winnie the Pooh" adapted by Megan Ilnitzki. Copyright © 2016 Disney Enterprises, Inc. Based on the "Winnie the Pooh" works by A. A. Milne and E. H. Shepard. All rights reserved.

"A Perfect Party" by Lisa Ann Marsoli. Copyright © 2014 Disney Enterpries, Inc. Based on characters from the movie Cinderella. Copyright © 1950 Disney Enterprises, Inc.

"Mater Saves Christmas" adapted by Megan Ilnitzki. Based on the book by Kiel Murray, copyright © 2012 Disney Enterprises, Inc. Based on characters from the movie Cars. Copyright 2006 Disney Enterpirses, Inc./Pixar. Disney/Pixar elements © Disney/Pixar, not including underlying vehicles owned by third parties: Background is inspired by Cadillac Ranch by Ant Farm (Lord, Michels and Marquez) © 1974; Hudson Hornet is a trademark of Chrysler LLC; Chevrolet Impala is trademark of General Motors; Fiat is a trademark of Fiat S.p.A.; Porsche is a trademark of Porsche; Volkswagen trademarks, design patents, and copyrights are used with the approval of the owner, Volkswagen AG; Jeep ® and the Jeep®grille design are registered trademarks of Chrysler LLC; Sarge's rank insignia design used with the approval of the U.S. Army; Ferrari elements are trademarks of Ferrari S.p.A.; Mercury and Model T are registered trademarks of Ford Motor Company.

"A Meowy Christmas" by Brittany Rubiano. Copyright © 2016 Disney Enterprises, Inc. Based on characters from the movie Pinocchio. Copyright © 1940 Disney Enterprises, Inc.

Unless otherwise noted, all illustrations by the Disney Storybook Art Team.

"Olaf's Night Before Christmas" by Jessica Julius, Illustrated by Olga T. Mosqueda. Copyright © 2019 Disney Enterprises, Inc. Based on characters from the movie Frozen. Copyright © 2013 Disney Enterprises, Inc.

All rights reserved. No part of this book may be reproduced or transmitted in any form or by any means, electronic or mechanical, including photocopying, recording, or by any information storage and retrieval system, without written permission from the publisher.

Disney

美《び》女《じょ》と野《や》獣《じゅう》

クリスマスの　おくりもの

　クリスマスイブだと　いうのに、
やじゅうの　おしろは　ひっそり。
　でも、としょしつだけは
ちがいます。ポットふじんたち
めしつかいが、ひそかに
かざりつけを　しているのです。
　チップは、だんろの　まえに
いる　ベルに　たずねました。
「なにを　しているの？」
「クリスマスの　ならわしどおり、
くつを　おいているの[※1]。
パパ・ノエル[※2]からの
プレゼントは　とどかなくても、
こうするだけで　クリスマス
きぶんに　なるでしょう？」
　チップは　うなずき、
「うん、いいね！　だけど……」

※１：フランスでは、プレゼントを　いれてもらう　ために、
　　くつしたでは　なく、くつを　おきます。
※２：フランスでは、サンタクロースを「パパ・ノエル」と　よびます。

「ぼくは　ティーカップだから、くつが　ないや」
ベルは、かなしそうな　チップを　そっと　てに　のせ、
「まほうで　ティーカップに　される　まえの　ものは？」
と　たずねました。
すると、チップの　ひとみが　かがやきました。
「そうか！　たぶん　あるよ、みんなの　くつもね。
よーし、さがしてみよう！」

チップは　ベルを　みんなの
へやに　あんないしました。
そして　チップと　ポットふじん、
ルミエールと　コグスワースの
くつまで　みつけてくれたのです。

きちんと　ならんだ　みんなの　くつは、
ベルの　こころを　なごませてくれました。
「チップ、ありがとう」

そこへ　ポットふじんが　やってきました。

「ぼうや、もう　ねる　じかんよ」

「ぼく、まだ　ぜんぜん　ねむくないよ。ふぁー、むにゃむにゃ」

ベルは　ポットふじんと　こっそり　ほほえみを　かわすと、
チップを　そーっと　しょっきだなに　いれました。

ベルは　めしつかいたちを　あつめて　そうだんしました。

「クリスマスですもの、チップに　なにか　プレゼントしたいの」

ヒントを　おもいついたのは、ルミエールです。

「ごしゅじんさまの　しょうねんじだいの　おもちゃが、
こどもべやに　たくさん　あるはずだが……」

ベルは　ぽんと　てを　うちました。「すてき！」

　コグスワースは　しんぱいそうです。
「おしろの　あっちがわは、“たちいりきんし”じゃぞ。
ごしゅじんさまに　みつかったら　たいへんだ」
　けれど　チップを　よろこばせる　ためならと、みんなは
こっそり　こどもべやに　しのびこむことに　しました。

やじゅうが　こどもの　ときに　すごしていた　へやは、
いまも　そのころの　ままに　なっていました。
じつは　そこに　やじゅうの　かなしい　おもいでが　つまって
いるとも　しらず、ベルは　わくわくしていました。

そのとき、
「ここへ　たちいるとは　なにごとだ！」
とびこんできたのは　やじゅうです。
めしつかいたちは　ふるえあがりました。

ベルは　ゆうきを　だして　いいました。
「わたし、チップへの　おくりものを　さがしていたの。
ならわしどおりの　クリスマスを　すごせるように
てつだってくれた、やさしい　あのこの　ために」
けれど、やじゅうは　さけびました。
「でていけ！」

がっかりしている　ベルに、ポットふじんは　いいました。
「ごしゅじんさまは、こどもの　ころ　おかあさまに　しろい
うまの　おもちゃを　もらったの。それはそれは　おきにいり
だったわ。でも、それを　どこかに　なくしてしまったの。
おかあさまが　なくなって　すぐのことよ。
たいせつな　ものを　いっぺんに　なくした
ごしゅじんさまは、ごじぶんの
こころと　いっしょに、あの
へやも　とざしてしまったの」
ベルは　おもわず　ふかい
ためいきを　つきました。

　それでも　ベルは　チップへの　クリスマスプレゼントを
あきらめられませんでした。みんなが　ねしずまった　あと、
もういちど　こどもべやに　もどったのです。
　ベルは　おもちゃに　オルゴールに　けいと、そして　なんと
やじゅうが　こどもの　ころに　はいていた　くつを　みつけました。

　ベルは　しごとに　とりかかりました。ばしゃを　ならべて　けいとで　つなぎ、その　せんとうに　オルゴールの　ぶひんを　とりつける……。はつめいかの　おとうさんの　ちを　ひく　ベルは、じつは　こういう　てしごとが　だいすきなのです！

「あとは　プレゼントに　リボンを　かけるだけよ」
　ベルは　ひきだしを　さがし、ひとまきの　あかい
リボンを　みつけました。「かんぺきだわ！」
　ところが、その　リボンの　おくに、ベルは　もっと
だいじな　ものを　はっけんしたのです。

「まあ！　こんな　ところに　かくれていたの？」

それは、やじゅうが　こどもの　ころに　なくしたという
しろい　うまの　おもちゃでした。

「さあ　いらっしゃい、おうまさん！」

ベルは　チップへの　プレゼントに
リボンを　かけたあと、
しろい　うまの　くびにも　リボンを　むすび、
ちいさく　つぶやきました。
「こんな　かわいらしい　おうまさんが
たからものだったのね」
そして、ベルは　やじゅうの
へやへと　むかいました。

　しょうねんじだいの　くつに　いれた　うまを　おき、
ベルは　ドアを　ノックして　かくれました。
　ドアを　あけた　やじゅうは、めを　みはりました。
「しんじられない。なぜ　これが……」
　やがて　やじゅうの　かおが　よろこびに　かがやくのを
みたとき、ベルも　しあわせな　きもちに　なりました。

　よが　あけました。
クリスマスの　あさです！
　めを　さました　みんなは、
おいわいを　しようと
としょしつへ　むかいました。
　ベルが　ドアを　あけた
とき、みんなの　うごきが
とまりました。
ふしぎなことが
おきていたからです。
　だんろの　まえを　みて
さけんだのは、
ポットふじんでした。
「おやまあ、なんて
ことでしょう！」

なんと、どの　くつも　プレゼントで　いっぱい！
ベルは　くびを　かしげました。

「ゆうべは　からっぽだったのに……」

「パパ・ノエルが　きたんだ！　パパ・ノエルは、
ぼくたちを　わすれていなかったんだね！」
チップは　うれしそうに　ぴょんぴょん　はねました。
　ベルは　チップを　すくいあげると、
「そうね。やさしい　あなたが　みんなの
くつを　みつけてくれた　おかげよ」
そう　いって　ほおずりしました。
「ねえ　チップ、わたしからの
プレゼントも　あるのよ。
みて！」

「わあ、かっこいい！」
リボンの　かかった　ばしゃを　みて、
チップは　うっとり。
おたのしみは　これからよ。
この　ばしゃは　ちゃんと　はしるの」
そう　いって　チップに
ウィンクすると、ベルは
オルゴールの　とってを
まわしました。

　すると、ばしゃは　まるで　まほうに　かかったように
うごきだしました。チップは　おおはしゃぎです。
「ぼく、こんな　おもちゃ　みたことが　ないよ」
　そのとき、としょしつに　やじゅうが　やってきました。

　ベルが　やじゅうを　まねき
いれると、みんなも　だんろの
まえに　あつまりました。
「ベル、きのうは　すまなかった」
やじゅうは　そう　あやまると
チップに　むきなおって
やさしく　かたりかけました。
「この　しろに　パパ・ノエルを
よびよせる　だいかつやくを
した　おとこのこと　いうのは、
きみだね」
　チップは　てれくさそうに
わらいました。
　すると　やじゅうは……。

「わたしの　こどもの　ころの　たからものを、だれか
とくべつな　ひとに　ゆずりたいのだ。うけとってくれるかい？」
　チップが　「こうえいです！」と　こたえると、ポットふじんは
めを　うるませました。ベルも　むねが　あつく　なりました。

　そして　このひは、
みんなにとって　わすれられない
クリスマスに　なったのです。

DISNEY MICKEY & FRIENDS

サンタさんの　おてつだい

　それは　クリスマスイブのこと。ねむっていた　ミッキーと　プルートは、おおきな　くしゃみの　おとに　おこされました。

　ふしぎに　おもって　まどを　あけた　ミッキーが　みたのは、なんと　にわに　おりたった　サンタクロースと　トナカイでした。

　ミッキーたちは　にわに　とびだしました。
「メリークリスマス、サンタさん！　あのう、いったい
どうしたんですか？」
「ひどい　かぜを　ひいてしまったんじゃよ。わたしばかりか、
トナカイたちまでね。のこりの　しごとを　おわらせて、はやく
いえに……ハ、ハ、ハックション！」

ミッキーは　おもいきって　ていあんしました。

「サンタさん、のこりの　しごとは　ぼくに　まかせてください」

サンタクロースは　とても　よろこび、ミッキーに　はいたつリストと　あかい　ふくろを　てわたして　いいました。

「ふくろの　まほうの　ちからが、たすけてくれるはずだよ」

そして、サンタクロースと　トナカイたちは　かえっていきました。

ミッキーは　ガレージから　そりを　だし、ふくろを　のせました。
おおきな　ふくろなのに、それは　はねのように　かるいのでした。

「きっと、サンタさんの　いっていた　まほうの　おかげだね！」

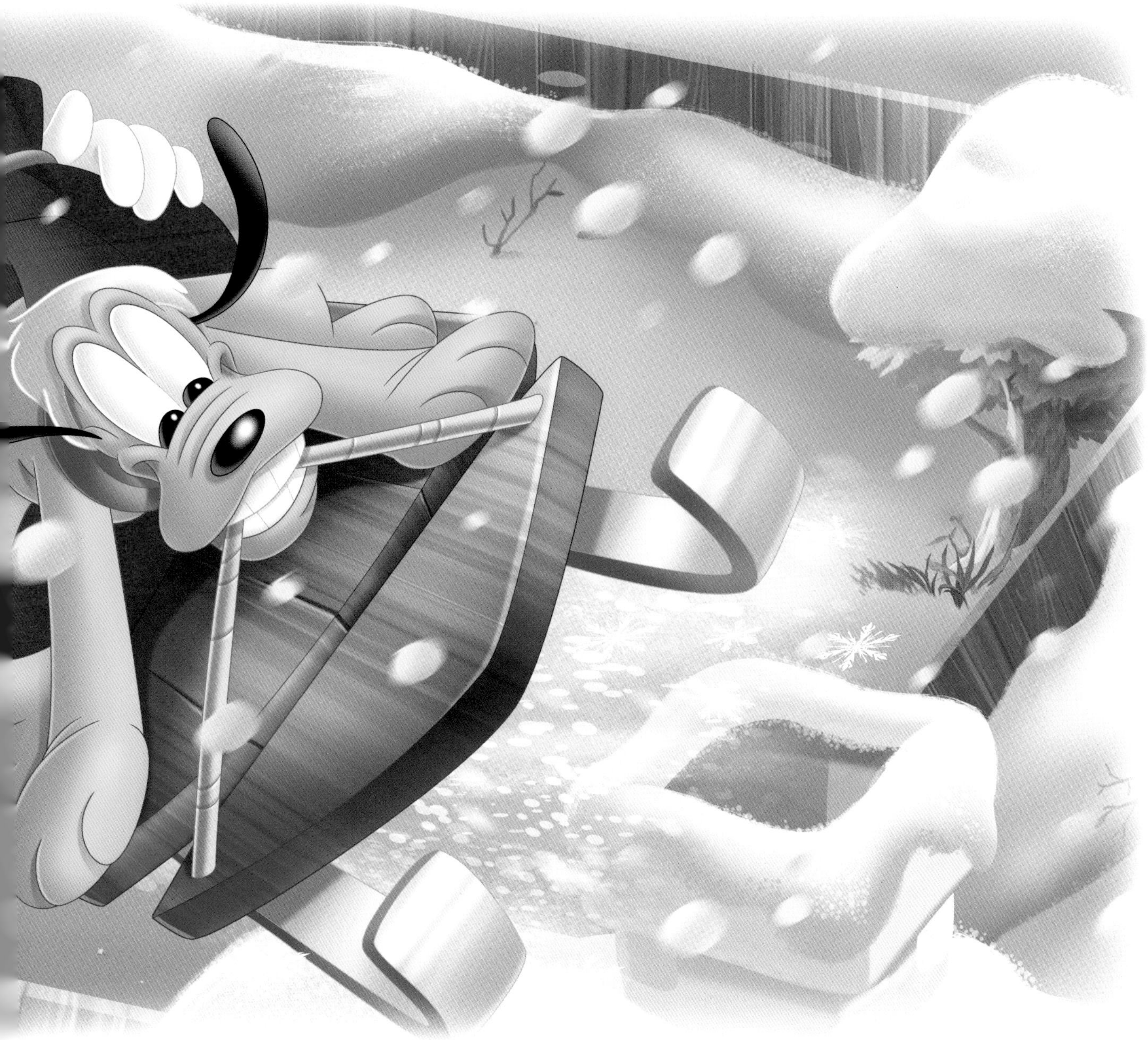

そして　そりを　ひこうと　プルートが　ロープを　くわえると……
なんということでしょう！　そりが　まいあがり、さいしょの
もくてきちを　めざして　まっしぐらに　とびはじめたのです！

とうちゃくしたのは、デイジーの　いえの　やねです。
ミッキーは　そりを　おりて　ふくろを　かつぎ、
「ここから　おりるのかな？」と、えんとつを　のぞきこみました。
すると　つぎの　しゅんかん、ミッキーは　もう
えんとつを　ぬけて　いえの　なかに　いました。
「わあ、びっくりした！　これも
まほうの　ちからだね、きっと」
ミッキーは　からだに　ついた
すすを　はらって　たちあがりました。

そして、リストを　みながら　デイジーへの　プレゼントを
ならべ、くつしたに　おまけの　キャンディーも　いれます。

ふと、ミッキーは　クッキーが　おかれているのに
きづきました。デイジーから　サンタさんへの　おれいです。

1まい　いただきながら　えんとつを　みあげると……。
あら　びっくり、ミッキーは　もう　やねの　うえ！

「ごめんよ　プルート、きみの　ぶんの　クッキーを
もらいそこねちゃった」

　つぎの　グーフィーの　いえでは　じけんが　おきました。えんとつを　ぬける　ミッキーに、プルートが　ついてきて　しまったのです。そして　おれいの　クッキー　めがけて　とっしん！　その　ひょうしに、ツリーが　どさっと　たおれてしまいました。

　ミッキーは　あわてて　ツリーを　たてなおし、プレゼントを
ならべました。
　「ツリーが　ちょっと　かたむいているような　きも　するけど、
きっと　グーフィーは　プレゼントに　むちゅうで　きづかないよね！
いそぐよ　プルート。よなかの　うちに　すませなくちゃ」

　じかんを　むだにしてしまった
ことを きにしながら、
ミッキーは　ミニーの　いえの
やねに　とうちゃくしました。
はんせいした　プルートは、
おとなしく　ここで　まちます。
　ミッキーは　ミニーの　ための
プレゼントを　つぎつぎに
ならべました。
もちろん、くつしたに　いれる
キャンディーも　わすれません！
　そして　クッキーを　２まい
もらい、ミッキーは　やねに
もどりました。
「はい　プルート、１まいは
きみの　ぶん」

Minnie
for Minnie
to Donald
Minnie

　さいごは、ドナルドの　いえです。
「プレゼントは　これで　よし。あれ？　キャンディーが　たりない！
あわてて　どこかに　おとしてしまったかな」
　ミッキーが　テーブルの　したや　ソファの　うしろを　さがし
はじめたとき、2かいから　ものおとが！　ドナルドが　めを
さましてしまったのです。さあ　たいへん！

ミッキーは　ふくろを　つかんで　だんろに　むかいますが、
「あ、こんな　ところに！」と、みつけた　キャンディーを
くつしたに　つっこみます。
そのとき、かいだんに　ドナルドの　あしが……。まずいぞ！
つぎの　しゅんかん、ミッキーは　えんとつに　すいこまれました。

よくじつ、クリスマスの　あさごはんは、ゆうべの　サンタさんの　わだいで　もちきり！　デイジーが「サンタさんったら、ゆかを　すすだらけに　しちゃったのよ」と　いえば、「ぼくの　うちでは、どうやら　ツリーに　ぶつかったみたいなんだ」と　グーフィー。

　ドナルドが　「サンタさんの　たてる　おとで　めがさめちゃった」と　いえば、ミニーは「ドナルドへのプレゼントを　うちに　おいていっちゃうしね！」
　ミッキーは　ちょっぴり　ひやあせを　かきました。

　けれど、サンタさんは　ミッキーが　てつだってくれたことを
とても　よろこんでいました。まほうの　ふくろが　きえた　あとに
のこされていた　プレゼントを　みれば、それが　わかります。
プレゼントは、そりに　のった　ミッキーと　プルートの
とびきり　すてきな　スノードームでした。めでたし　めでたし。

ネバーランドの　クリスマス

「もうすぐ　クリスマスね」　ふと　ウェンディが　つぶやくと、ピーター・パンが　いいました。「クリスマスって　なに？」

ウェンディと　おとうとたちは　びっくり。ピーターにあれこれ　おしえてあげました。ツリーのことや、プレゼントをおくりあったり　クラッカーを　ならしたりして　たのしむことを。

「でも……」ウェンディは　つづけました。
「いちばん　だいじなのは、たいせつな　ひとに　しあわせな
きもちに　なってもらうことだと　おもうわ」
「ふーん」ピーターは　つまらなそうに　うなずくと、
「そんなことより、にんぎょの　いりえの　むこうで　かいが　たくさん
とれるんだけどさ、ウェンディ、とってきてくれない？」
かごを　わたされた　ウェンディは、ちょっと　さびしい
きもちのまま、でかけていきました。

　ウェンディの　あしおとが　とおざかると、ピーターは
みんなを　あつめ、めを　きらきらさせて　いいました。
「いいか　みんな、この　ネバーランドで　はじめての
クリスマスを　するぞ。ウェンディには　ひみつでね」

ピーターは　みんなを　ひきつれ、タイガー・リリーの
すむ　むらを　たずねました。

「ウェンディに　なにか　プレゼントを　あげたいんだけど」
そう　そうだんされた　タイガー・リリーは、ピーターに
ビーズの　ネックレスの　つくりかたを　おしえてくれました。

いっぽう　まいごたちは、ピカピカ　ひかる　やじりを
たくさん　つくりました。

　できあがった　ものを　かくれがに　はこぶと、ピーターたちは
うみへ　いき、フックせんちょうの　ふねに　しのびこみました。
「ねえ　ピーター、ここで　なにを　するの？」
そう　きく　ジョンに、ピーターは　にやっと　わらいかけます。
「クリスマスを　もりあげる　じゅんびさ。かいぞくせんには
クラッカーの　ざいりょうが　やまほど　あるんだ。いくぞ！」

　ふねの　そうこには、かやくが　いっぱい　あるのです。それを
すこし　ちょうだいして、さっさと　にげる……のかと　おもえば、
ピーターったら　フックせんちょうを　からかう　きです。
　「かやくを　ありがとう。そら、おれいの　プレゼントだ！」
　かやくを　あびて　くしゃみを　れんぱつする　せんちょうに
わらいころげながら、ピーターたちは　にげだしました。

　あとは　ツリーの　じゅんびです。ピーターと　まいごたちは、
もりで　もみのきを　きってきました。でも、ピーターは
「へやに　こんなものを　たてて、たのしいのか？」と
くびを　ひねっています。ジョンは　おしえてあげました。
「かざりを　つけなくちゃ　クリスマスツリーに　ならないよ」
　みんなは　ピカピカの　やじりや　かいがらを　かざりつけ、
ツリーは　みちがえるように　ごうかに　なりました。

でも、こんどは　ジョンが　「うーん」と　くびを　ひねります。

「やっぱり　あかりが　ないと　さびしいな」

ピーターは　「あかり……」と　つぶやき、とんできて　なにか
つたえようとする　ティンカー・ベルを　さえぎりました。

「ティンク、おしゃべりは　あとだ。ツリーを
てらす　あかりを　さがしにいくぞ！」

　ピーターと　ティンカー・ベルは　にんぎょの　いりえに
とんでいきました。ピーターは　にんぎょたちに　たずねます。
「よる、この　いりえが　ひかるのを　みたことが　あるんだ。
あの　あかりを　かしてもらえないかな？」

にんぎょは　ざんねんそうに　いいました。

「あれは　あかりじゃなくて　ひかる　さかななの。
みずから　でたら、ひからないどころか　しんでしまうわ。
おやくに　たてなくて　ごめんなさいね」

　あたりを　とびまわる　ティンカー・ベルには　めもくれず、
ピーターは　かんがえつづけました。
「あきらめるもんか。ほうほうは　ほかにも　きっと　ある!」
　すると、ふいに　ティンカー・ベルが　ランタンに　とびこみ、
ひかりを　はなったのです。ピーターは　ポンと　てを　うち、
まいごたちを　よびあつめました。

「みんなで　ホタルを　あつめてくれ。さあ、いそいで！」

まいごたちは　そとに　とびだすと、ホタルを　ぼうし　いっぱい　つかまえてきました。

ところが、ツリーに　とまらせようとしても、ホタルたちは　じっとしていません。たくさんの　ホタルは　あっというまに　どこかへ　とびさってしまいました。

ピーターは　しょんぼりしてしまいました。

するとピーターの　はなさきに　ティンカー・ベルが とんできて　けんめいに　なにかを　つたえはじめたのです。ピーターは、ぱっと　かおを　かがやかせました。

「きみが　ツリーを　ひからせてくれるって　いうのかい？ それなら　もっと　はやく　いってくれれば　いいのに！」

そして……。

ゆうがた、ウェンディが　かえってきました。

「あら、まっくらだわ。だれも　いないの？　みんな、どこ？」

つぎの　しゅんかん、ようせいの　こなで　かがやいた　ツリーが　へやを　ぱっと　てらし、クラッカーの　パンパン　はじける　おとと、みんなの「メリークリスマス、ウェンディ！」の　こえが　ひびきわたりました。「まあ、なんて　なんて　すてきなの！」

ネバーランドにも、しあわせな　クリスマスが　おとずれたのです。

Disney

ALICE in WONDERLAND

あやしい クリスマス!?

　クリスマスが　ちかづいた、ある　ゆきの　ひの　ことです。
まどべで　ほんを　よんでいた　アリスが　ふと　めを　あげると、
そとでは　こどもたちが　ゆきだるまを　つくっていました。

「なかまに　いれてもらおうかしら。でも、ふわぁ……。
こんな　ひは、あったかい　へやの　なかが　いちばんよね」

とつぜん、アリスは　めを　みひらきました。だれかが
まどの　そとを　ぜんそくりょくで　かけぬけたのです。
「しろうさぎだわ！　あいかわらず　あわてているのね」
しろうさぎは　はしりながら　さけんでいました。
「なくしてしまった！　なくしてしまった！」

　アリスは　コートを　きて　あとを　おい、あなの　まえに
きたところで　しろうさぎに　おいつきました。
「まって！　いったい　なにを　なくしてしまったの？」
「ハートの　じょおうさまの　ための　プレゼントですよ。
みつけないと、くびを　ちょんぎられてしまう！」
　そう　こたえ、しろうさぎは　あなに　とびこみました。

「わたしも　てつだうわ」と、アリスも　あとを　おいます。

ヒューン！　ながい　あいだ　おちつづけ、アリスは　ぽとんと ちゃくちしました。そして、もみのきに　ともる　あかりを…… いいえ、むすうの　ホタルの　はなつ　ひかりを　たよりに、 しろうさぎの　あしあとを　たどりました。

BACK
UP
YONDER
THAT WAY

ところが、とちゅうで　あしあとが　きえてしまったのです。

「どっちへ　いったのかしら」「どっちへだって？」

とつぜん　きこえた　こえの　ほうに　めを　やると、そこには　にやにや　わらう　めと　はが　ありました。

「チェシャねこね！　ねえ、あなた　じょおうさまへのプレゼントが　どこへ　きえたのかを　しらない？」

「その　プレゼントは　かってに　にげだしたのか？
さっき　『どっちへ　いったのかしら』と　いったろう？」
「ええと……、それは　しろうさぎのことで……」
チェシャねこは　あたまが　こんらんしている
アリスを　みて　ゆかいそうに　わらうと、
「マッドハッターなら　しっているかも　しれんな」
そう　いいのこして　すーっと　きえました。

はてさて、その　マッドハッターは　いったい　どこに
いるのでしょう?

そのとき、おかしな　うたが　きこえてきました。

「シャックリでーる　シャックリでーる　ゲップもーでるー」

うたの　きこえる　ほうへ　すすんでいくと、
こえの　ぬしは　マッドハッターと　さんがつうさぎでした。

「アリスじゃないか!　さあ、きみも　いっしょに　うたおう」

　ふたりは　カップに　ジョボジョボ　おちゃを
そそぎながら、うたいつづけます。
「シャックリでーる　シャックリでーる　ゲップもーでるー
きょうは　あやしい　クリスマス」
　アリスは　あきれかえりながら　いいました。
「ざんねんだけど、うたっている　ひまは　ないの。
きえた　プレゼントを　みつけなくちゃならないから」

　すると、マッドハッターは　アリスに　カップを　てわたし
「では　なぞなぞを　だそう」と、また　おかしなことを
いいだしました。そして　ぽかんとしている　アリスに
「なつには　あたまを　すずしく、ふゆには　あたたかく
するもの　なーんだ？」
　「かんたんだわ。ぼうしよ！」

「ごめいとう！」と　マッドハッターが　ぼうしを　とると、なんと　そこには　リボンの　かかった　つつみが！

「まあ、ありがとう！　たすかったわ」

でも、マッドハッターは　アリスに　みむきも　せず、プレゼントの　うえで　ねていた　ヤマネに　むちゅうです。

「おまえ、こんな　ところに　いたのか。ずいぶん　さがしたぞ」

アリスは　プレゼントを　もって　さっさと　おいとましました。

　うんよく　しろうさぎの　あしあとを　みつけた　アリスは、
もう　みのがすまいと　しんちょうに　すすんでいきました。
　ところが、ハートの　じょおうの　おしろに　たどりついた
とたん、へいたいに　つかまってしまったのです。
「おたずねものめ！　さあ、こっちへ　くるんだ」

おしろの　なかでは、しろうさぎが　じょおうに
あやまっている　まっさいちゅうでした。

「もっ、もうしわけございません！　プレゼントは
どこかに　きえてしまいました」

じょおうは　さけびます。「くびを　ちょんぎれ！」

アリスは　へいたいの　うでを　ふりほどいて　さけびました。

「まって！　プレゼントは　わたしが　みつけたわ！」

じょおうは　アリスを　にらみつけると　さけびました。
「あの　むすめの　くびも　ちょんぎれ！」
そのとき、おうさまが　おもいがけないことを　いったのです。
「さきに　プレゼントを　あけてみては　どうじゃろう？」
じょおうが　つつみを　びりびり　やぶくと、
なかから　でてきたのは、かわいらしい　クリスマスツリーでした。

じょおうが　うれしそうに　おどりだしたとき、アリスの　そばに　みなれた　にやにやわらいが　うかびあがりました。

「にげだす　チャンスじゃなくもないかも　しれんぞ」

アリスは　ちいさく　うなずき、そーっと　おしろを　ぬけだします。ところが、ゆきみちを　はしりだした　とたん、なにかに　つまずいて　ころんでしまい、めのまえが　まっくらに……。

めを　あけると、そこは　あたたかい　いえの　なかでした。

「へんな　ゆめね」

そう　いいながら　のびを　した　アリスは、まどの　そとのゆきだるまを　みて、おや？　とおもいました。

「あの　ぼうし、それに　ティーカップは……」

さっきのは、ひょっとすると、ゆめでは　なかったのかもしれませんね。

Disney・PIXAR

モンスターズ・インク

イルミネーションを　ともせ！

　モンスターズ・インクいちの　“わらわせや”、マイク・ワゾウスキは、あいぼうの　サリーに　せんげんしました。
「ことしの　クリスマスの　せきにんしゃは、この　マイク・ワゾウスキさまだからな。パーッと　もりあげるぜ！」

マイクは　おおはりきりで　なかまたちに　せつめいします。
「これが　じゅんびプランだ。モンスターシティぜんたいを
イルミネーションで　いっぱいに　して、クリスマスイブには
ツリーの　てんとうしきを　テレビちゅうけい　するんだ！」

「こんなに　はでに　あかりを　つけたら、エネルギーが
たりなく　なるんじゃないか？」

サリーは　しんぱいそうですが、マイクは　おかまいなし。
「スミティ、ニードルマン、あかりを　もっと　ふやすんだ！」

　そして　むかえた　クリスマスイブ。まちは　イルミネーションで
キラッキラ！　ツリーの　まえには、てんとうしきを　まちかねた
モンスターたちが　あつまり、テレビカメラも　スタンバイしています。

　ところが、とつぜん　まちじゅうが　まっくらに！　あかりを
つけすぎた　せいで、エネルギーが　なくなってしまったのです。

「おい　ワゾウスキ、どういうことだ！」「なんとか　しろ！」
モンスターたちは　おこって　こぶしを　ふりあげています。
マイクは　あわてて　みんなを　なだめました。
「すぐに　なんとか　する。1じかんだけ　まってくれ！」

「でも　マイク……」　サリーは　いいます。
「いまから　エネルギーを　あつめようったって、わらわせやは
オレと　おまえしか　いないぞ」
　マイクは　あたりを　みまわし、「やるしかない」と　きめました。
「スミティ、ニードルマン！　いっしょに　きてくれ！」

　ばくしょうフロアは　まっくらで、ドアを　はこぶコンベアーも　とまっていました。マイクは　いいました。

「ドアは　じぶんたちで　はこぼう。とにかく　こどもたちのわらいごえを　あつめるぞ。1じかんで　ボンベ　6ぽんぶんだ！」

でも、スミティと　ニードルマンは　おおよわり。

「ぼくら　ばくしょうフロアの　おせわがかりが、わらわせやの
かたみたいに　わらいごえを　あつめるなんて、むりですよ」

そんな　ふたりに、マイクは　おわらいメモを　わたしました。

「ネタなら　このとおり　たくさん　ある。さあ、がんばれ！」

そして、みんな　それぞれ　こどもべやへ　しゅっぱつしました。

「よう！　オレは　マイク・ワゾウスキ。オレの　ペットはなーんだ？　ゾウに　きまってらい。マイクは　ゾウスキ！」
「サンタさんが　いったとさ。『あの　トナカイ、やけにちいさいな。あれでも　オトナカイ？』」
そんな　ちょうしで、マイクと　サリーは　わらいごえをあつめつづけました。でも、まだまだ　たりません。

もちろん、スミティと　ニードルマンも　ひっしでした。
こどもべやに　つくなり、しんけんに　ネタに　とりくみます。
「えーと……、サンタさんが　すずを　ならさず　そーっと
のってきた　のりもの、なーんだ？」「こ、こっソリ！」
でも　こどもは　つまらなそうに　ふたりに　せを　むけ、
ぐうぐう　ねむってしまいました。

ふたりは　あせりました。

「おまえの　せいだぞ、へたくそ」

「そっちこそ、まぬけ！」

つぎの　こどもべやでも、
ふたりの　いいあいは　とまりません。
でこぼこコンビの　けんかに、こどもは　ぼうぜん……と
おもったら、きゅうに　ケラケラ　わらいだしたでは　ありませんか。

すると、ボンベに　わらいごえが　ぐんぐん　たまりはじめました。

　でこぼこコンビは　つぎつぎに　こどもべやを　おとずれては、とんちんかんなことを　やらかして、こどもを　わらわせました。
　おかげで、わらいごえあつめも　あと　ひといきです！
「ふたりとも、やるなあ。よし、オレたちも　まけられないぞ」
　マイクと　サリーは　はりきって　こどもべやへ　むかいました。

「サリー！　ひを　つけてよ、キャンドルに」

「ちょっと　まって。いま　オレ、ガム　カンドル」

「ゆきが　チラチラは　ホワイトクリスマス。
じゃあ、かみなり　ゴロゴロは？」

「コワイゾクリスマス！」

そして、ついに　6ぽんの　ボンベが　まんたんに　なったのです。

エネルギーが　じゅうぶん　たまり、まちの　あかりは
ふっかつしました。あとは　クリスマスツリーを　てんとうするだけ。
その　しゅんかんを　ねらう　カメラの　まえで、マイクは
スイッチボタンを　えいやっ！
ところが　どうしたことでしょう、ツリーは　まっくらな　まま。
わらいごえが　たりなかったのでしょうか？　そのとき……。

「あれ?」　ぬけていた　プラグに　きづいたのは　スミティでした。

ニードルマンが　それを　コンセントに　さした　しゅんかん……ひろばは　おおきな　かんせいに　つつまれました。4にんが　あつめた　こどもたちの　わらいごえが、まちを　いっきに　かがやかせたのです！

マイクは　さけびました。「メリークリスマス　モンスターシティ！」

Disney Winnie the Pooh

プレゼントを　わすれちゃった！

　クリスマスイブのことです。プーさんは　いえじゅうを
なんども　みまわしました。
　「ツリーは　ある。ろうそくも、かざりも　あるよ。
だけど……、なにか　たりない　きがするんだ」
　そのとき、「トントントントン」。おや？　だれか　きたようです。

ドアを　あけると、そこには　ちいさな　ゆきだるまが　いました。

「やあ、プー」　はを　カチカチ　ならしている　ゆきだるまは、なんだか　なつかしいような　こえで　いいました。

「クリスマスは　うれしいけど、みみが　つめたいのは　いやだなあ」

プーさんが　あたたかい　いえの　なかに　いれてあげると、ゆきだるまは、たちまち　しんゆうの　すがたに　かわりました。

「わあ。きみに　あえて　うれしいよ、ピグレット」

ピグレットが　クリスマスツリーを　ふしぎそうに　みていたので、プーさんは　せつめいしました。

「ポップコーンを　ひもに　とおして　かざろうと　おもったんだ。でも、ポップコーンだけ　なくなっちゃったんだよ」

R. SANDERS
RNIG
ALSO

　ピグレットは　いいました。
「たべちゃったんだね。
じゃあ、ひもは　プレゼントを
つつむのに　つかうと　いいよ」
　その　ことばに、プーさんの
ちいさな　のうみそが　ちょこっと
うごきました。
「なにかが　たりないと
おもったら……
そうか、プレゼントを　ようい
するのを　わすれていたんだ！」
　ピグレットは　プーさんを　なぐさめ、
「きにすること　ないよ。
だいじなのは　プレゼントより
おもいやりの　きもちだからね」
　そう　いって、ゆきの　ふりしきる
なかを　かえっていきました。

プーさんは、わすれてしまっていた　プレゼントのことを
そうだんしようと、クリストファー・ロビンを　たずねました。
ドアを　あけた　クリストファー・ロビンは　びっくり。
「プーったら、1ねんで　いちばん　すてきな　よるに、
どうして　そんな　かなしい　かおを　しているんだい?」

でも、ドアの　おくの　クリスマスかざりを　ひとめ　みたとたん、プーさんは　かなしい　りゆうを　わすれていました。

おもいだしたのは、クリストファー・ロビンが　だんろの　まえにぶらさげた　くつしたを　みせて、こう　いったときです。

「これは、クリスマスプレゼントを　いれる　くつしただよ」

プーさんは　はっとして、そして　ぜつぼうしました。

「ぼく、プレゼントも　くつしたも　わすれてたよ」

そんな　プーさんを、クリストファー・ロビンは　ぜつぼうから
すくってくれました。みんなの　ぶんの　くつしたを　くれたのです。
プーさんは　おれいを　いい、さっそく　ともだち　ぜんいんの
いえに　くつしたを　くばることに　しました。
「プレゼントは　あとで　かんがえよう。まずは　くつしただ！」

「プーより」と　かいた　ふだを　くつしたに　とめ、プーさんは　ともだちの　いえを　まわって　それを　そっと　おいてきました。

やっと　いえに　もどると、こんどは　かんがえる　ばんです。

「さあて、プレゼントは　なにに　しよう」

けれど、ゆきみちを　さんざん　あるきまわった　プーさんは、つかれて　あっというまに　ねむりに　おちてしまいました。

　コンコンコン。

　あさ、ノックの　おとに
おこされた　プーさんは、
めを　こすりながら　ドアを
あけました。すると……。

「メリークリスマス！」

　こんどこそ　ほんとうに
めが　さめた　プーさんは、
とうとう　プレゼントを
よういできなかったことに
きづきました。あまりの
かなしみに、プーさんは
あいさつも　できません。

　ところが、どうした
ことでしょう、みんなは
くちぐちに　おれいを
いいはじめたのです。

ピグレットが　「くつしたの　おかげで、みみが　つめたくないよ」と　いえば、イーヨーは　「ぼくは　しっぽがね」と　いいます。

ティガーは　ねぶくろに、ラビットは　にんじんいれに、ゴーファーは　いしを　いれる　ふくろに　するのだと　いって　うれしそう。

オウルは 「ぶらさげると、かざむきが わかるんじゃ」と いい、カンガと ルーは マフラーに して だいまんぞく。

プーさんは まだ すこし ポカンとしたまま いいました。

「なんでか わからないけど、すてきなことが おきたんだね」

ティガーは　プーさんの　かたを　たたいて　にっこりしました。
「ぼくらの　ともだち　プーよ、それが　クリスマスさ！」
そして、みんなは　つぼに　はいった　あまーい　はちみつを
くれたのです。プーさんは　こころの　そこから　おもいました。
「クリスマスって、なんて　すてきなんだろう！」ってね。

Disney PRINCESS

Cinderella

プリンセスの　パーティー

クリスマスが　ちかづいた　ふゆの　ひのことです。

「クリスマスパーティーを　ひらいても　いいかしら?
したくは　わたしが　しますわ」

「すてきだね」　おうじさまは　にっこり。

「では、たのしみに　していよう」

　シンデレラが　さっそく　じゅんびを　はじめると、
そこへ　ねずみの　ジャックと　ガスが　やってきました。
　「ぼくたちも　てつだうよ！」
　ふたりは、だいすきな　シンデレラのためならと
おおはりきりです。

　シンデレラたちは　まどべに
ガーランドを　かざり、ドアの　うえに
もみのきの　えだを　あしらい、
へやじゅうに　キャンドルを　おきました。
　もちろん、だんろに　くつしたを　つるすことも　わすれません。

Cinderella
Jaq
GUS
Prince

※：たてものの　かべに　かこまれた　なかにわ。
ゆかには　タイルなどが　はられ、そらの
したで　おちゃや　しょくじを　たのしめます。

　へやの　かざりつけが
すんだら　つぎは　そと、
パティオ※です。
　ねずみたちは　ツリーを
かざりはじめました。
「ガス！　ポップコーンは
ツリーの　かざりだぞ」
「ごめんよ　ジャック。
でも　これ　おいしいんだ」
　そこへ、おうじさまが
てつだいにきてくれました。
「きれいだね、シンデレラ。
だけど……。パティオでは
おきゃくさまが　こごえて
しまわないかい？」
　でも、シンデレラは
にっこりして　いいました。
「だいじょうぶですわ」

かざりつけを　すませた　シンデレラは、
おしろの　さいほうべやで　ぬいものを　はじめました。

おせわがかりの　プルーデンスは　びっくり。

「そんな　しごとは、めしつかいに　おもうしつけくださいませ！」

けれど、シンデレラは　「いいえ、いいのよ」
と　いうのです。「おきゃくさまへの
プレゼントは、こころを　こめて
じぶんで　つくりたいの」

しばらくして、プルーデンスは　またもや　びっくりぎょうてん。
プリンセスが　しょくりょうこに　いるでは　ありませんか。
バスケットに　いれているのは、とうもろこしや　にんじん、
くだものに　チーズ……。
「まあ！　いったい　なにを　される　おつもりかしら？」

　シンデレラは、パティオに　たべものを　ならべました。
「うーん、なにかが　たりないわ」
　すると、フェアリー・ゴッドマザーが
あらわれました。

そして、まほうで
こおりの　ちょうこくを
だしてくれたのです。
「これで　どうかしら、シンデレラ?」
「かんぺきだわ!」

さらに　フェアリー・ゴッドマザーは、シンデレラが　きがえに　いったすきに　そっと　ひろまに　はいり、まほうの　つえを　くるくる　ふりました。

「まずは　たっぷりの　ごちそう、それに　おんがくも　ほしいわね！」

ひろまは　いっしゅんにして　りっぱな　パーティーかいじょうに　はやがわりです。

　もどってきた　シンデレラは、ひろまを　みて　めを　まるくしましたが、それが　まほうの　プレゼントであることに　すぐにきづきました。シンデレラは　プルーデンスに　いいました。

「おしろで　はたらいている　みんなを　よんでくださる？ここは　おしろの　みんなの　ための　パーティーかいじょうよ」

　プルーデンスは　かんげきの　あまり、めを　うるませました。

　シンデレラが　パティオにでると、そこには　もうどうぶつの　ともだちがあつまっていました。

　みんな　シンデレラのよういした　ごちそうにだいまんぞく。

　そして、シンデレラのてづくりの　ふくにかんせいを　あげました。

　ジャックは　ぴかぴかのボウルに　じぶんのすがたを　うつしてうっとりしています。

　おうじさまも、このパーティーを　こころからたのしみました。

そして、いつしか　おしろの　めしつかいたちも
どうぶつたちも、みんな　いっしょに　ダンスを
たのしんでいました。

だれもが　しあわせを　わかちあい、この　とくべつな
クリスマスを　おいわいしたのです。

Disney・PIXAR カーズ

メーター、サンタ・カーを　すくう

ゆきの　あさ、メーターは　サンタさんへの　てがみを　ポストにいれようと　していました。そこへ　チックが　とおりかかりました。マックィーンを　めのかたきに　している　レースカーです。

「サンタ・カーへの　てがみか？　とどくと　いいな。へっへっへ」

チックは　わらいながら　はしりさりました。

　そのひ、ラジエーター・スプリングスに
いやな　ニュースが　とどきました。
　シェリフが　いうには、そこらじゅうの
ガソリンスタンドから　ガソリンが
ぬすまれていると　いうのです。
「はんにんの　てがかりは　ないのかい？」
マックィーンが　きいても、シェリフは　くびを　よこに　ふるばかり。
　とつぜん、メーターが　「わあ！」と　ひめいを　あげました。
「ガソリンが　ないと、ゆうびんトラックが　みんなの　てがみを
サンタさんに　とどけられない！　クリスマスが　だいなしだよ！」
　メーターは　あわてて　フローの　みせに　むかいました。

メーターは　フローに　「まんたんに　して」と　たのみました。

「ほっきょくまで　サンタさんに　てがみを　とどけにいくんだ」

ところが　なんということでしょう、さっきまで　あったはずの

ガソリンが　ぬすまれてしまっていたのです！

メーターは、さっき　フローの　みせに　かけこんだとき、

はしりさる　チックいちみを　みかけたことを　おもいだしました。

こまっていた　メーターを　たすけてくれたのは、ヒッピーのフィルモアでした。じかせいの　オーガニックねんりょうをいれてくれたのです。

「よし　メーター、これで　ほっきょくまで　はしれるぞ。オレの　てがみも　サンタさんに　わたしてくれよな」

　マックィーンは、しんゆうの　メーターが　ほっきょくを　めざすと しって　いっしょに　いこうと　きめました。

　そこで、いそいで　ルイジの　みせに　でかけ、タイヤを スノータイヤに　かえてもらいました。おおきな　ライトや フォグランプも　そうびして、いざ　しゅっぱつです！

　ふたりは　ゆきみちを　はしりつづけました。
それは　ながく　きびしい　みちのりです。
　けれど、メーターは　つかれしらず。
だいすきな　サンタさんに　あえると　おもえば、
てがみの　つまった　ポストの
おもさなんか　なんのその。
クリスマスソングを　くちずさみながら
げんきに　はしりつづけ、
ついに　とうちゃくしました。
ほっきょくです！

「やあやあ、ようこそ！」　あたたかな　こえと　ともに　あらわれたのは、みんなの　あこがれ、サンタ・カーでした。

メーターから　てがみを　うけとると、サンタ・カーは　ていねいに　おれいを　いいました。けれど、かなしそうに　つづけたのです。

「じつは、トナカイ・モービルたちが　さらわれてしまったんだよ。めあては、そらを　とべる　トナカイ・ガソリンだったようだ」

　そのとき　メーターの　あたまに　うかんだのは、チックいちみでした。マックィーンも、チックの　しわざだと　おもいました。
　でも、いま　いちばん　だいじなのは、クリスマスを　だいなしにしないこと。サンタ・カーに　プレゼントを　とどけてもらうこと。そう　おもった　メーターは　いいました。
「おいらに　トナカイ・モービルの　かわりを　させてください！」

　そのころ、ラジエーター・スプリングスの　はずれでは、チックのいちみが　トナカイ・ガソリンを　こうせいのうの　レースようガソリンに　つくりかえていました。
もちろん、マックィーンに　かつためです。
　ルイジと　グイドは、その　ようすを　こっそり　みていました。

ふたりは　シェリフに　しらせようとしましたが、うんわるく
チックたちに　みつかり、とらえられてしまいました。
チックは　すっかり　とくいげです。
「まったく　つうかいだぜ。オレは　マックィーンを　こえた。
それだけじゃない。おまえたちの　だいすきな　クリスマスを
めちゃくちゃに　してやったのさ。へっへっへ！」

　そのとき、シャンシャンと　ベルの　おとが　きこえてきました。
それは、サンタ・カーを　ひく　メーターと　マックィーンでした。
なんと、トナカイ・ガソリンで　そらを　とんでいます！

チックは　あわてて　すごい　スピードで　にげだしました。でも、そらとぶ　マックィーンは　それいじょう！　ひきょうものをにがすものかと、じょうくうから　きゅうこうかします。

　マックィーンに　おいあげられた　チックは、カーブを　まがりそこね、がけから　サボテンの　しげみに　おちてしまいました。

　ドックは　チックを　みおろしながら　いいました。

「メーター、あいつを　ひっぱりあげて、そのまま　ろうやにつれていってくれ」

だいじけんが　かいけつし、ラジエーター・スプリングスのみんなは　ほっとしていました。

でも、サンタ・カーは　のんびりして　いられません。

「さて、プレゼントを　くばりにいかなければ。どうだろうメーター、わたしの　てつだいを　おねがいできるかな?」

メーターは　いきを　のみました。

「サンタさんの　おてつだい……。なんて　すてきなんだろう。こうえいです。やらせてください！」

サンタ・カーの「メリークリスマス！」を　あいずに、メーターは　トナカイ・モービルを　ひきいて　とびたちました。その　ひとみは、よろこびと　ほこらしさに　かがやいていました。

DISNEY
Pinocchio

フィガロの　ミャウミャウ　クリスマス

「おとうさん　みて。ゆきが　ふってる！」

「そろそろ　クリスマスの　したくを　しなけりゃいかんな」

「わあ、もうすぐ　クリスマスなんだね」

にんげんの　おとこのこに　なったばかりの　ピノキオも、こねこの　フィガロも、ずっと　このときを　まちこがれていました。

　つぎのひ、ゼペットは
いえに　もみのきを
はこびこみました。
そして　てづくりの
にんぎょうや　おもちゃを、
クリスマスらしい　ものに
とりかえます。
　ピノキオは　へやの
かざりつけに　むちゅう。
　フィガロは　キラキラ
ひかる　かざりを
みているだけで　うきうき。
　きんぎょの　クレオも
そんな　みんなの
ようすを　みて、わくわく
していました。

ピノキオは　だんろに　くつしたを　つるしました。
じぶんも　おてつだいを　したくなった　フィガロは、おもわず
ゼペットの　あしもとに　かけよりました。ところが……。

「こらこら　フィガロ、じゃましちゃ　いかん」と、しかられて
しまいました。

　ピノキオが　クリスマスツリーを　うっとり　ながめていると、ゼペットが　きんいろの　ほしを　さしだして　いいました。
「さいごの　しあげだよ。これを　てっぺんに　かざるんだ」
そして、ピノキオを　ひょいっと　だきあげました。
　フィガロは　しょんぼり……。だって、さいごに　ほしを　かざるのは、いままで　じぶんの　やくめだったからです。

　さて、いよいよ
クリスマスディナーの
したくです。
パスタいりの　スープに
ローストチキン。
ゼペットは、ごちそう
づくりに　はげみます。
　ピノキオも　ソース
づくりを　まかされて、
とても　うれしそう。
　それを　みて、
フィガロも　あじみの
おてつだいを　しようと、
やきあがった　チキンに
まえあしを　のばしました。
　ところが……。
「こら、フィガロ！
おぎょうぎが　わるいぞ」

　フィガロは　“ぼくは　のけものさ。クリスマスなんか、ひとりぼっちで　いいやい！”と　すねてしまいました。そして　もぐりこんだのは、ゼペットの　ベッドの　した。

　と、そこには　プレゼントが　かくされていました。

　けれど　そのなかに、フィガロへの　プレゼントは　なかったのです。

そのとき、ゼペットの　こえが　きこえてきました。

「フィガロ、クレオ、でかけてくるから　るすばんを　たのむよ」

フィガロは　“ひどい！”と　はらを　たてました。

“おてつだいも　させてくれないし、プレゼントも　くれない。
おまけに、ぼくに　るすばんさせて　ふたりで　おでかけなんて！”

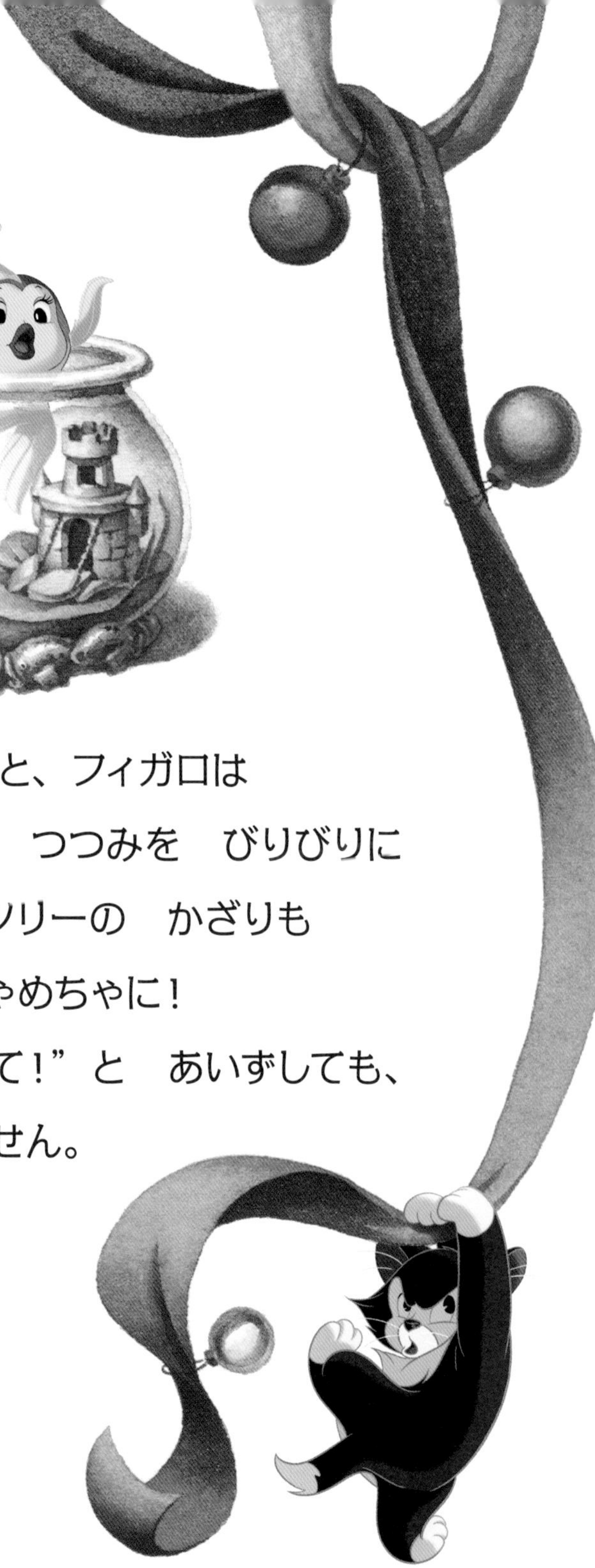

ふたりが　でかけてしまうと、フィガロは
あばれはじめました。プレゼントの　つつみを　びりびりに
やぶり、かべの　かざりも　ツリーの　かざりも
かたっぱしから　めちゃめちゃに！
クレオが　“おねがい、もう　やめて！”と　あいずしても、
みむきも　しません。

そして　フィガロが　チキンに　かぶりつこうとしたときでした。

「コホン」

みあげると、そこに　いたのは　ジミニー・クリケットです。

「フィガロ、いまの　きみを　サンタさんが
みたら、いったい　どう　おもうだろうね。

それに、ほんとうは　わかっているんだろう？
こんなことを　したら、きみの　かぞくの
みんなが　どんなに　かなしむか」

フィガロは　はっとして、
はずかしさに　しっぽを
ぺたんと　さげました。

すると　ジミニーは
「だいじょうぶ、いまなら　まだ
まにあう。わたしも　てつだおう」
そう　いって、にっこりしました。

ふたりは　ちらかった　へやを
きれいに　しました。
そして　プレゼントを　つつみなおし、
ツリーを　もとどおりに　しました。

　うれしくなった　フィガロは　さらに　かざりを　ふやしました。
こうして　しあがった　へやは　まるで　うつくしい
クリスマスカードのよう！

　「なかなか　いいじゃないか」と　ジミニーが　かんしんすると、
クレオも　“ほんとうに　すてきよ！”と　ジャンプしました。

　そこへ、ゼペットと　ピノキオが　かえってきました。

「わあ、フィガロが　かざってくれたの？」

フィガロが　“ミャウ”と　こたえると、

「こりゃあ、いますぐ　プレゼントを
あげたくなってしまうな」

ゼペットは　そう　いって、かってきた
ばかりの　ものを　くれました。
それは　フィガロの　だいこうぶつの
なまクリーム。

ゼペットは、フィガロのことを
わすれてなど　いなかったのです。

TO FIGARO
CREAM
To Geppetto

　フィガロは　きょう、たいせつなことを　まなびました。
それは　ゼペット、にんげんに　なったばかりの　ピノキオ、
きんぎょの　クレオ、そして　ねこの　フィガロという　よにんが、
ほんとうに　すてきな　かぞくだと　いうこと。
　そして、かぞくで　すごす　クリスマスを　“しあわせだなあ”と
おもいながら、おいしい　なまクリームを　あじわったのでした。

Disney

アナと雪《ゆき》の女《じょ》王《おう》

オラフの すてきな よる

　これは、ぼくが　アレンデールに　きて
さいしょの　ふゆ、まだ　いろんなことを
しらなかった　ころの　おはなしだよ。

あるばん、ぼくは　だんろの　そばに
くつしたが　ぶらさがっているのを　みた。
「なんだろう？　そうか、かわかしているんだね」

オーロラが　きれいな　よるで、
エルサは　もう　すやすや　ねむってた。

　アナは　ちょっとだけ
いびきを　かいていて、
ぼくは　ひつじを　かぞえてた。

　なんとなく
ねむれなかったんだ。

そのとき、そとから　なにやら　おとが　きこえたんだ。

「なんだろう?」

まどを　あけて　みると、まんまる　おつきさまの　ひかりが、
ゆきの　つもった　アレンデールを　きらきら　かがやかせてた。

　そのとき、まどの　つららの　むこうに
ふしぎな　ものが　みえたんだ。
スヴェンが　8とう、そりを　ひきながら　そらを　とんでいる！
そりに　のっているのは……、きっと　クリストフだね！

　そりが　こっちに　むかって　とんでくる！
クリストフ……？　ちがうような　きもするし……。
そのひとは、うたうように　さけんでた。
「さあ　ダッシャー！　さあ　ダンサー！
さあ　プランサーに　ヴィクセン！
そうだ　コメット！　そうだ　キューピッド！
さあさあ　ドナーに　ブリッツェン！
タレット※の　てっぺん　めざせ、かべ　こえて！
さあさあ　いくぞ！　いそいで　いくぞ！」

※：おしろの　てっぺんに　つきだしている
ちいさな　とう。

へんてこな　うた！　あれは　だれ？　タレットって　なに？

どうして　スヴェンが　そらを　とんでいるの？

ぼくの　あたまの　なかは、はてなで　いっぱいだった。

すずの　おとが　シャンシャンシャンって
とおりすぎたと　おもったら、
こんどは　おしろの　やねを　あるく
ひづめの　おとが　した。

　つぎには　だんろが　ゴトゴト　おとを　たてて……。
とつぜん、あしが　にょっきり　でてきたんだ！

くろい　ブーツと　まっかな　ズボンが　みえる。
でも、あたまが　みえない。
もしかして　かおが　ない　おばけなのかな！？

ANNA
Elsa

　ううん、かおは　あった。
だんろの　なかから　あらわれたんだ。
わらって　くしゃっと　ほそくなった　めと
ふわっふわな　あごひげの　ある、やさしい かおが。
　そのひとは　いい　においが　したよ。
ゆきの　におい……。
それから　クッキーを　やくような　においがね！

おおきく　ふくらんだ　ふくろを　みて、ぼくは　おもった。

「オーケンの　おみせで　バーゲンセールでも　あったのかな？」

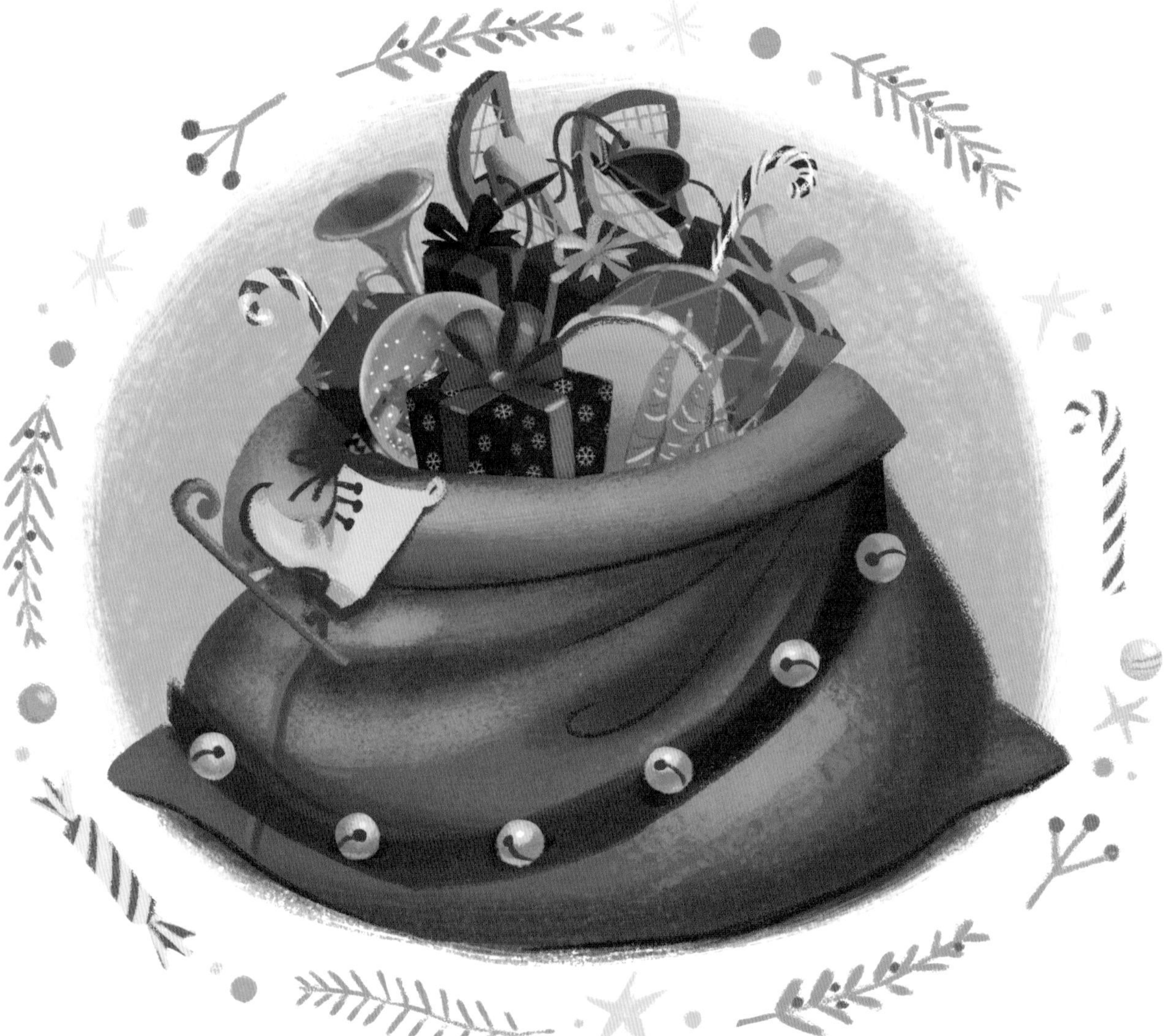

そのひとは、ふくろの　なかみを　だすと、ちょっと　やすんで
テーブルの　うえの　クラムケーキを　いくつか　たべた。
ゆうがた　アナが　おいていた　やつをね。

ANNA
For SANTA

　ふくろの　なかみは、 ぼくの　なかまたち
ぜんいんの　ための　プレゼントだった。
エルサに　アナ、クリストフや　スヴェンの　ためのね！

ぼくは　うれしくなって、
そのひとの　コートの　すそを
そっと　2かい　ひっぱった。
「ぼくは　オラフ。
あったかい　ハグが　だいすきなんだ」

そのひとは　びっくりして、そして　おおきな　こえで
「ホウ、ホウ、ホウ」って　わらった。
ぼくも　つられて　わらっちゃったよ。

　それから　ぼくに　プレゼントを　くれたんだ。
ぎゅーって、とびっきり　あったかい　ハグだよ！
　とても　きれいな　スノードームを　ぼくに
わたすと、そのひとは　だんろの　えんとつを
しゅーっと　ぬけていった。

ANNA
Elsa
KRISTOFF

とびさっていくとき、
その　すてきな　ひとは
いったよ。

「おやすみ　オラフ！
メリークリスマス！」

絵：ディズニー・ストーリーブック・アートチーム
　オルガ・T・モスケーダ（『オラフの すてきな よる』）
訳・文：大畑隆子
カバーデザイン：うさぎ出版
本文デザイン：編集室クルー
校正：くすのき舎

ディズニー スペシャルクリスマス ストーリーズ

© 2021 Disney Enterprises, Inc.

2021年11月10日　第1刷発行
2022年11月10日　第2刷発行

発行／株式会社うさぎ出版
発売元／株式会社永岡書店
〒176-8518　東京都練馬区豊玉上1-7-14
TEL　03（3992）5155
印刷　横山印刷
製本　若林製本工場

ISBN：978-4-522-43945-6　C8076
落丁・乱丁本はお取り替えいたします。
本書の無断複写・複製・転載を禁じます。